DISCOVRS

FAIT AVX OBSEQVES

DE MONSEIGNEVR DE

Medauy, l'vn des Lieutenans Generaux pour le Roy en Normandie, &
Gouuerneur des Villes & Chasteaux
d'Argenten, & Verneuil.

Par G. LE REBOVRS Chanoine
& Archidiacre de Lysieux.

A ROVEN,

Chez Nicolas l'Oyselet, demeurant au
pont de Robec, au Heaume.

1618.

A MADAME
DE MEDAVY.

MADAME,

La consideration des manque-
mens de ce funebre discours pour
ne respondre aux merites de feu Monseigneur vostre mary, m'auoit iusques icy em-
pesché de le mettre sous la presse, mais les
prieres de plusieurs Gentilshommes & autres personnes de qualité amis & seruiteurs
de vostre maison, le desir mesme que vous
m'auez souuent tesmoigné de le voir Impri-
mé, m'ont en fin obligé à le mettre au iour: ce
que i'eusses fait plustost, n'eust esté que pour
le lire plus librement, i'ay voulu un peu
laisser écouler les larmes de vos yeux auant
que vous le presenter. Je vous supplie,
Madame, n'y rechercher qu'vne bonne in-
tention, & non vne belle inuention, &
ny éplucher que de l'affection, & non de

A ij

la suffisance, car vous m'y trouueriez autant souffreteux en celle-ci, qu'abondant en celle là : ie souhaitterois pourtant exceller aussi bien en l'vne qu'en l'autre, afin que les vertus de feu Monseigneur de Medauy fussent descrites auec autant de graces & de fleurs de bien dire, que i'ay eu de tristesse & d'ennuis à les declamer. Vous receurez s'il vous plaist Madame, ces funebres parolles pour effects de mon deuoir enuers les cendres de ce Seigneur qui m'auoit tant honoré de son amitié. Et vous coniure de croire, que ie n'enseueliray iamais dans son tombeau le ressentiment des obligations que i'ay à sa memoire, mais Madame, que vous & Messieurs vos enfans me verrez tousiours animé & passionné à embrasser les occasions de vous tesmoigner combien ie suis

MADAME,

Voftre tres-humble & tres-affectionné seruiteur

LE REBOVRS.

DISCOVRS FAIT AVX

*Obseques de Monseigneur de Medauy,
l'vn des Lieutenans Generaux pour le
Roy en Normandie, & Gouuerneur des
Villes & Chasteaux d'Argenten, &
Verneuil.*

Inquietum est cor meum, donec
quiescat in te.	*Aug.*

MESSIEVRS,
Ce sont des secrets de nature
que la Calamithe, aye telle
correspondance auec la Tramontane,
le Lothos telle Sympathie auec le Soleil, & le Syagre tel rapport auec le
Phœnix, que l'vne perde sa vertu au
delà de la ligne, que l'autre se cache
dans les eaux dés que le flambeau du

iour s'eſt caché dans les ondes, & que
l'autre ſeiche ſa verdeur & ſes fueilles
autant de temps que l'Oyſeau vnique
en la nature ſommeille dans les cendres
de ſon Tombeau. Ces effects, que nous
admirions par ignorance, nous les
auons en nos ſens par experience : &
ces merueilles que nous tenons pour
des prodiges, nous les reſentons en
nous comme des actions naturelles.
Car, Meſſieurs, tandis que celuy dont
nous celebrons les Obſeques, a iouy
parmy nous des douceurs de la vie, &
nous auec luy des douceurs de ſa preſence, nos eſprits comme le ſien, & le
ſien comme les noſtres ont vollé de
ioye, & cette ioye ſans borne comme
ſes merites ſans fin nous ont promis du
bon heur ſans meſure. Mais ſi toſt que
le ſommeil du Treſpas a ſeillé les pau-
pieres de ſes iours, & que le rayon de
ſes iours s'eſt eclipſé dans vn triſte

Occident, nos cœurs comme l'aimant en la perte de son Arctique, n'ont point eu de rapport auec ce funeste Antarctique nos yeux comme le Lothos se sont noyez dans leurs larmes, en l'absence de leur Soleil, & nos esprits comme le Siagre ont inhumé leur force dans le tombeau de ce rare Phœnix, si bien qu'animez de douleur, nous semblons maintenant pluftoft des morts, que non pas des mortels. Et de fait, Messieurs, ce coup est si sensible, cette perte est si generalle, cette playe est si grande, que pour la desplorer, il faudroit des larmes tout de sang, & pour la regretter des soufpirs tout de feu : Il faut bien que les membres tombent quand le chef est bas, & que la blesseure soit mortelle quand le coup est au cœur : il faut bien que comme le Printemps a ses fleurs, que l'Hyuer aye ses glaçons, que comme Hymen a ses Tor-

ches, qu'Atropos aye ſes larmes : puis
que les larmes ſont les hommages &
les appanages de ſon triſte dommaine.
Ie me plains fort de ces cœurs ſtroïques
qui collans les leures à la Deeſſe du
dueil Angerome, la mettent pres l'autel
de volupté pour dire qu'il y a du bien
à ne ſe point douloir au fort de ſa mi-
ſere. Ie hay fort ces Timanthes, qui
bandent les yeux aux affligez pour em-
peſcher les pleurs à l'affliction. Ie blaſ-
me ces Philoſophes, qui commandent
d'aimer, & qui en la perte de la choſe
aimee deffendent de plorer. Ie n'ap-
prouue point auſſi ces Xenophons, ces
Tiberes, & ſes Anaxageres, qui ne
plient iamais leur grauité, & qui ne s'a-
moliſſent non plus que diamans lors
meſmes qu'ils voyent leurs plus chers
& plus cheris eſtendus morts deuant
eux. Les larmes du Sauueur du monde
ſur le Tombeau du Lazare accuſent
ces ames

ées ames là comme inhumaines , & les
condamnent comme barbares.

Il faut donc comme humains en l'a-
ction d'vn si funeste accident, changer
nos yeux en des torrens de larmes , &
nos bouches en des Aquilons de soufpirs:& souhaiterois qu'icy comme au-
trefois à Paxes quelqu'vn criast maintenant Tamos, Tamos, le grand Pan
est mort , pour conuier tous les cœurs,
tous les esprits & toutes les ames du
monde , à ietter des sanglots si cuisans,
& des cris si lamentables, que le triste
murmure en portast le pitoyable Echo
trauers tout l'vniuers, afin que chacun
dit comme moy : *Quis dabit capiti meo
aquam & oculis meis fontem lachrymarum.*

On tient que le Tombeau d'Ennius
inspiroit l'enthousiasmes de la poësie à
ceux qui sommeilloient dedans, comme faits doctes par la communication
des cendres de ce Poëte : Et moy ie dy,

B

que iettans les yeux ſur ce déplorable
cercueil, comme Seuerus faiſoit tous
les iours ſur ſon Sepulcre, nous de-
uiendrons ſçauans en la cognoiſſance
de nous meſmes, par la triſte contem-
plation des os de ce corps inhumé, iettans dis-ie les yeux ſous cette Chappel-
le ardante, nous y verrons vn obiect
aſſez lugubre & aſſez capable de ra-
ualler la fougue de nos preſomptions
& de rongner les aiſles de nos vanitez,
ſans aller chercher du rabajoye dans les
Cymitieres, pour veoir ſi nous y di-
ſcernerons la teſte de Diogenes d'auec
celle d'Alexandre, les os d'vn Monarque d'auec ceux d'vn marchant, & les
cendres d'vn maiſtre dauec celles d'vn
vallet. En vain fueilleterons nous de-
ſormais les Annalles des Romains, des
Medes & des Perſes en vain l'Alco-
ran des Turcs, le Talmud des Iuifs, &
la Bible des Chreſtiens. En vain con-

fulterõs nous les Rabins des Hebrieux, les Satrapes des Egiptiens, les Ephores des Perſes, les Areopages d'Athenes, les Gymnoſophiſtes des Indes , les Druides des Gaulles, les ſeruiteurs de Rome, les Cardinaux de l'Egliſe, & les Conſeillers des Cours, à prendre depuis Adam iuſques à Noé, depuis Noé, iuſques à Moyſe, depuis Moyſe iuſques à Ieſus Chriſt , & depuis Ieſus Chriſt, iuſques à Louys traizieſme pour voir combien d'hommes ont paſſé la faux du deuorant Saturne, & le voyant en gros, nous voir en detail enregiſtrées comme les autres , dans l'homicide rolle de ceſte proſcription generalle.

Helas il ne nous faut point aller ſi loin, il ne nous faut rechercher des exemples ſi reculez, nous n'en auons que de trop pres, que de trop frais, & que de trop domeſtiques. Leuons vn peu, Meſſieurs, vn des coins de ce drap de veloux, perçons comme auec des yeux de Lyncée le plomb de cercueil , & nous y verrons celuy que l'orage de Mars, que le carnage des batailles , que l'effort des armes que l'effroy des alarmes, que le feu que le fer que le fang de mille perilleux combats n'ont fçeu dompter , eftre maintenant eftendu pafle & froid fous cette fatalle lame, pour eftre en peu de iours le repas des vers engendrez de la corruption de fon corps, malgré mefmes les vnguents & le baume, dont il eft fi richement parfumé. C'eft là Meffieurs le miroir de noftre infirmité, c'eft là le glace ou il faut voir le vifage de noftre mortalité, ceft là où il faut dire *Cor meum inquietum eft*, reconnoiftre quels nous fommes, & confeffer, que l'homme n'eft qu'vne butte de mifere, qu'vn rofeau d'inconftance, qu'vn flux de changement, qu'vn cloaque d'horreur, qu'vn theatre d'erreur, qu'vn vent qui paſſe, vn flot qui coule, vne ombre qui fuit, vn ver qui reluit, vne ampoulle en l'eau, vn athome en l'air, vn glaçon d'eſté vn rayon d'hyuer, que ce n'eſt qu'vn vaiſſeau de verre agité de diuers aquilons entre mille Caribdes, que ſes voiles ſont ſes deſirs enflez de vanité, ſon gouuernail eſt ignorance, ſon bouſolle eſt vn cœur porté non au nord de la perfection, mais au plus ord de ſa corruption. Sa mer ſont ces voluptez, ſes ſens ſont les pirates qui écument, & qui vollent le treſor de ſa raiſon, ſon port eſt le rocher du treſpas contre lequel il ſe briſe, ſi bien que de tous coſtez *inquietum eſt cor.* Et ne ſommes icy que comme potirons d'vne nuict, ephœmerons d'vn iour, athomes d'vn neant, éclairs qui diſparoiſſent & pelerins qui paſſent par vn chemin bien court. O neantmoins en ce bien court chemin, que de Cerastes s'y cachent pour nous attrapper , que de Sirenes y chantent pour nous charmer, que de douceurs si appreſtent pour nous empriſonner, que de hyenes ſi deguiſent pour nous perdre, *homo homini lupus.*

Pompee y eſt aſſaſſiné par ſes amis, Ceſar meurtri dás le Senat, Themiſtocle banny pour ſa vaillance , Socrates empoiſonné pour ſa ſageſſe , Seneque mis à mort pour ſa vertu, des Rois y ſont attellez en cheuaux de caroſſe au char d'vn Seſoſte, Sillay eſt mengé des poux , Baiaſſet le foudre du Ciel y ſert de marchepied à Tamburlan, Auguſte ny peut dormir ſur le cheuet de la Monarchie, Alexandre maiſtre de tout l'vniuers y pleure apres la conqueſte des nouueaux mondes *vnus Pæleo iuueni non ſufficit orbis* , Bref ce monde eſt vn hydropique qui redouble les accez de ſon mal, par les excez du remede dont il eſ-

pere sa guerison: c'est vn cercle de nouueaux desirs, la fin de l'vn, est le commencement de l'autre, le plus heureux
ny est iamais content, le plus content
ny est iamais heureux, *inquietum est cor
meum*. Que les Rois, que les Potentats
confessent si dans leurs louures, & si
dans leurs valdolis ils ont plus d'aises
& plus de repos que nous en nos peti-
tes cabannes. Aglaus & par le iuge-
ment mesme de l'oracle, fut tenu pour
le plus heureux de tous les hommes, &
c'estoit le plus pauure de tous les mortels.

Qu'on n'appelle donc point bon
heur les Sceptres, les grandeurs & les
honneurs mondains, puis que ce ne
sont que des chymeres, & que des ido-
les hommageres de la fortune, & puis
qu'en les possedant il y a plus de vuide
que de plain, plus d'aloës que de miel,
plus d'espines que de roses, & plus d'in-

quietudes que de tranquilité. Tout *in-quietum est*, nul ny est heureux auant le trespas : Cresus le plus riche des Rois qui furent iamais en Lydie, mais le plus miserable des Princes de la terre, estendu sur le bucher de son supplice, criant ha Solon Solon, le sçeut bien faire entendre à Cyrus, que c'estoit le tout que la fin : que c'est cette fin, qui couronne l'ouurage, que cest ce dernier acte qui accuse, qui iuge, & qui condamne les autres que c'est luy qui nous esleue, ou qui nous raualle, selon nos bonnes ou mauuaises actions: Et c'est pourquoy il en faut tousiours auoir le Tableau deuant les yeux : & c'est pourquoy comme Ianus a deux visages, il faut tousiours voir ceste fin dés le commencement. Et de là Messieurs cette belle & loüable coustume des pompes funebres est introduite parmy nous, afin que par le simulachre de la mort, qui se

voit

voit aux tombeaux, nous penfions à
nos tombeaux & à la mort: Et que par
les loüanges que lon y declame pour la
gloire des vertueux , nous embraffions
les vertus pour rendre auffi nos vies
glorieufes: C'eftoit vne leçon que ceux
de Sparte faifoient à leurs enfans les
promenans parmi les tombeaux des
hommes plus illuftres , & leurs mon-
ftrans les ftatuës des grands Capitai-
taines , afin qu'en contemplans ces
monumens , ils entraffent en mefpris
de leur vie, & qu'en confiderans ces
couronnes & ces trophées ils fuffent
animez à la vaillance pour meriter vn
iour de femblables honneurs. C'eft ce
qui nous arrenge, Meffieurs, alentour
de ce cercueil, afin que regardant d'vn
cofté tant de tentes lugubres, tant de
veftemens noirs, tát d'habits funebres,
tant d'actions funeftes, & qu'en iettant
d'autre part les yeux fur tant de cierges

ardans, & fur tant de torches allumées,
afin que comme celles-là nous marquent les ombres, les obfcuritez, & les
effroyables nuicts de la mort pour nous
dóner du degouft de cefte vie periffa-
ble que celles cy auffi nous facent remarquer, que comme la flame reluit &
tire en pointe vers le ciel que de mefme
les ames bien heureufes reluifent par
leur gloire & tendent en haut par leurs
merites, & de delà nous apprendre d'a-
mour & de defir à detefter les vices
pour cherir les vertus qui nous effe-
uent en vn pareil effor.

Ceux qui en leurs difcours funebres
ne loüent les morts, que par les morts,
& qui ne font viure leur nom, que par
le renom de ceux qui ne viuent plus:
produifans à ces fepulchres, ieunes
d'honneur, de vieilles ftatuës dont ils
empruntent l'or enfumé pour embellir
leur medaille nouuelle, ceux-là dy-ie

vont reprendre dés l'aage d'Euander,
des anciennes cronologies & fuent en
paffans de temps en temps , de race en
race à chercher dans le fumier d'vne
furannee genealogie quelque perle
pour l'ornement de celuy, qui, pauure
durant fa vie,ils peuffent enrichir apres
fa mort. Cela eft bon, Meffieurs, pour
ceux de qui la memoire finit auec le
fon de la cloche, & de qui l'honneur
s'enterre comme au corps : mais celuy
ci, pour qui tant d'aumofnes font faites , tant de pauures reueftus , tant de
feruices celebrez , tant de torches allumées,tant de Clergé,tant de Nobleffe,
& tant de peuple amaffé , celuy dy-ie
ayant fait voller fon nom fur les aifles
de la renommée au delà des bornes de
cet Empire François , ayant graué fes
armes fur le marbre , & fur le front de
l'immortalité. Il n'a que faire de nos
Eloges,de nos harangues,ny de nos pa-

r

animphes. La gloire elle mefme luy
fert de Mercure, de trompette & d'E-
cho pour eftendre fon los par tout &
pour le faire entendre de tous, de forte
que fi nous y contribuons autre chofe
que des larmes, ce ne peut eftre que de
l'eftonnement & que de l'admiration
de ce que la mort a efté fi audacieufe
que de l'attaquer, fi forte que de le ter-
raffer, & fi cruelle que de le meurtrir, &
crier en ceft eftonnement.

Uæ vobis malæ tenebræ orci quæ omnia
bella deuoratis.

Ce n'eft que pour conclurre, que fi ce
foudre a peu toucher ce chef tout couuert de Laurier, que comme vn mefme feu reduit tout bois en cendre qu'v-
ne mefme mort refoult tout homme en
poudre, que tout ce que le Soleil ef-
chauffe de fes regards, que la parque le
glace de fes dards. Que c'eft vn rafoir
qui trenche tout, vn torrent qui rauage

tout, vn tonnerre qui brize tout, qu'il
ny a point de rampart contre sa vio-
lence ; point d'arche contre son deluge
point de Gessen contre sa gresle, point
de mer rouge contre ce Pharaon, point
de Tau, point de sang d'Aigneau, point
d'Asille, & point de refuge contre les
coups de ce tiran & de glaiue extermi-
nateur.

Scilicet omne sacrũ mors importuna profanat

Que s'il y a quelque dictame contre
ses traicts, quelque scorpiomache côtre
les piqueures de ce Scorpion, il ny en a
que dans le Scorpion mesme, la guari-
son n'en est qu'en la blesseure, comme
de la hache de Telephe naissoit le mal
& le remede, comme vne mesme four-
ce de Dodone esteignoit les torches
allumées, & allumoit les flambeaux
esteins, de mesme la mort du Sauueur
du monde à tant donné de force à la
mort des Chrestiens, que comme des

Phœnix ils'peuuent renaiſtre de leurs cendres, & dans les tenebres de la mort trouuer la lumiere de la vie. Mais il faut s'il ne ce peut, comme il ce doit pluſtoſt, apres tant de tracas, tant de vanitez, tant d'honneurs, tant de biens periſſables, tant de folles ſageſſes, & tant de plaiſirs deceuans comme feu noſtre cher de Medauy ceſſer en fin de mettre le repos de nos cœurs dans l'inquietude des grandeurs de ce monde, ne pas y borner nos deſirs, il faut donner comme luy iuſques au *quieſcat in te*, & ne poſer noſtre ſouuerain bien qu'en Dieu hors duquel *inquietum eſt cor*, & mourant en nos ſens viure en l'eſperance de faire naiſtre en la nuiɛt de noſtre mort le iour de noſtre vie. C'eſt là Meſſieurs, l'antidote qu'il a pris contre ce poiſon, c'eſt là le tiriaque qu'il a tiré du ſang de ce dragon pour ſe garentir du venin du dragon meſme, & c'eſt là aussi le ressort , qui de la terre l'a esleué aux Cieux , comme aussi est-ce le plan sur lequel ie veux bastir l'honneur de ses trophées,& l'autel de sa gloire. Si ie ressemblois ceux, qui en leurs cartes & en leurs mappemondes marquent des poincts pour des villes , & des villes pour des grands Royaumes. Si comme Thymáte, qui ne represétoit la grádeur d'vn geant, qu'en la grandeur de son poulce,ie vous voulois faire connoistre ce lion seulement à sa patte , ie vous dirois , Messieurs, que le Ciel combla sa naissance de toutes les graces & de toutes les beautez du corps & de l'esprit, qu'on sçauroit desirer en vn braue Caualier : que son port releué que sa riche taille,que son Majestueux regard , que son graue parler,que son humeur guerriere , que son front ny trop felon ny trop effeminé que son auguste presence : monstroient assez la generosité de

son sang & la Noblesse de son extra-
ction, sans l'aller trouuer (comme lon
m'a fait voir) dans les archiues & dans
les chartres antiques des plus illustres
& plus anciennes maisons de la Bre-
taigne, dont autresfois ses ayeux vin-
drent en ce pays. Si ie croyois toutes-
fois, que cela seruit à sa memoire, ie
vous alleguerois vn Seigneur de la
Motte de Rouxel, il y a viron trois cens
ans, Admiral du Duc de Bretagne &
gouuerneur de S. Malo. Ie dirois que
de luy sortirent plusieurs enfans &
qu'vn de ses cadets appellé Iean de
Rouxel Sieur du Plessis Mornant cher-
chant sa bonne fortune dans les auan-
tures du monde se rengea pres vn Duc
d'Allençon, les faueurs duquel il posse-
da de telle sorte, que par son moyen il
espousa vne fille seule heritiere de la
maison de Medauy, qui lors estoit
grandement opulente en belles terres,

comme

comme Aubery, Royuille, & Bretel.
De Iean fortirent Georges & ce Pierre
qui fut gouuerneur du Mont Sainct
Michel, (lequel comme les enseigne-
mens & vieilles chartres du mont le
teſmoignent) repouſſa courageuſemét
les Anglois qui le penſerent forcer. De
Georges fut engendré Fleury, & de ce
Fleury vint Iacques Seigneur de Medauy, Macé, Meſſaz, Aubry, le Croc,
Oquaignes, Pierrefuitte & S. Baſille,
de celuy cy furent procrées pluſieurs
enfans, entre leſquels feu Monſieur de
Medauy pere de noſtre deffunct, fut
orné de beaucoup de belles parties, qui
luy donnerent tant de credit pres nos
Rois, & principallement en la Court
de feu Monſieur le Duc d'Allençon
qu'il fut vn des premiers de ſon Con-
ſeil, car la grace, la grauité, & l'elo-
quence accompagnoient tellement en
tous ſes diſcours l'energie de ſon bien

D

dire que par ſon intelligence il negoꝰ
cia & prudemment conduiſit le trai-
ꞔté auec les pays bas, ſi l'imprudence
d'vne entrepriſe temeraire n'eut ruiné
l'ordre de l'eſtabliſſement qu'il y auoit
mis. S'il falloit icy raconter les vertus
des braues hommes qui ont ſignallé la
gloire de cette maiſon.

Ie n'oublirois pas le courage ny la
vaillance de feu Monſieur du Croc, les
bleſſeures & les coups, que comme
champion de l'Egliſe, il euſt en pluſieurs combats & en pluſieurs furieuſes
rencontres contre ceux de la Religion
pretenduë. Ie mettrois les voiles au
vent à tant de Carauennes, à tant de
batailles naualles, à tant de courſes
d'outremer & à tant de dépciilles, que
ceux qui viuent encor ont glorieuſe-
ment remportées ſur les ennemis de la
foy au benefice de la Croix, & au preiudice des Mahommettans. Mais ſur

tout ie vous ferois voir de quel rang &
de quel éclat feu Monseigneur de Lysieux reluisoit en l'Eglise, de quelle
qualité il s'honoroit en la chaire de
S. Pierre, de quelle moderation, & de
quelle prudence il gouuernoit ses deux
Abbayes & son Euesché, de quelle despence il construisoit de nouueaux edi-
fices sur des ruynes antiques, changeât
si le sort luy eut permis l'argille en brique, & la brique en marbre, de quelle
pieté il bastissoit au S. Esprit dans les
cœurs de son peuple des temples vifs
de pierres animées, de quelle ardeur &
de quelle passion. Voire au peril de sa
vie, il deffendoit les préeminences &
les droits de sa crocñe, ie peux asseurer
& auec plus de cognoissance, qu'vn autre pour l'honneur que i'ay eu tandis
qu'il a vescu, d'estre son Vicaire gene-
ral, quoy qu'incapable d'vne telle charge, que le Ciel pouuoit dire de luy *In-*

D ij

ueni Medauy secundum cor meum, luy ayant ouy protester maintefois, que ny le martire, ny la presence d'vne cruelle mort, ne luy rauiroient pas le desir de deffendre son Eglise, il est mort en ce constant dessein, il a fini ses iours en cette sainte resolution, & aussi en reçoit il maintenant, si Dieu plaist, les gloires & les palmes.

Mais ce seroit ce me semble faire tort à nostre Aristomene, si pour luy donner des couronnes, nous ébranchions des Lauriers ailleurs qu'en la tige de sa vertu : & si pour luy faire des chappeaux de fleurs, nous les composions d'autres bouquets que de ses roses. Ce seroit faire iniure aux graces plus celestes, dont le Ciel l'a comblé, si ie vous le faisois seulement admirer en la force de son corps, & en la generosité de son courage, outre que ce seroit violler les Edicts du Roy du Ciel,

& du Roy de la France, ce feroit vne
chofe mefceante à ma robbe, & au rang
qu'il tient maintenant parmy les Anges, fi ie faifois icy venir fur le pré, tant
d'appels & tant de duels, qu'il a euz en
Italie & en France. Ie ne vous diray
donc point de quelle generofité en
l'Auril de fes ans, ayant Monfieur de
Lonchamp pour fecond, il fortit les
terres du Pape pour aller entre deux
armées de Princes eftrangers, y vuider
vn combat efperé. Ie ne voudrois pas
auffi vous raconter de quel courage &
de quelle vaillance, le menton ne luy
commençant encor qu'a cottonner, il
fe ioignit auec le Capitaine Francho
homme éprouué aux armes comme fignalé de deux ou trois combats fingu-
liers ou il auoit toufiours deffait ou de-
farmé fa partie, & lequel pour fa vaillance, Monfieur de Nemours tenoit
pres de luy comme vn bouclier à fix

peaux : Il ne feroit pas loyfible 'en ce
lieu, en cette action, & à ma profeffion
de vous affeurer que noftre vainqueur
ayant prié Dieu pour l'ame de celuy
dont il auoit eftendu le corps fur la
place, reuint bleffé au bras, mais plus en
la confcience, glorieux deuât les hommes , mais deshonoré deuant Dieu,
pour auoir refpandu la vie & le fang
de fon femblable , & pour en auoir
peut-eftre fait trefbucher l'ame aux
Enfers comme le corps fur la terre,
cela eftant plus digne de larmes &
de punitions que loüange & que de
lauriers, ie feray comme les Tragiques,
qui tirent le rideau peur d'offenfer les
yeux des fpectateurs s'il y a quelque
fait horrible en leurs actes , & n'en diray rien non plus que de deux ou trois
autres differens qu'il a toufiours vui-
dez ou toufiours offert de vuider par
cefte cruelle & pernicieufe voye.

Ie ne profaneray donc ce temple, ma bouche vos aureilles, ni l'honneur du nom de Chreſtien de tels exploicts en apparence genereux, mais diaboliques en effect. Si de parti a parti & en bataille rengee, il ſe trouuoit en ſa vie quelque action aſſez remarquable pour honorer ſes cendres, ie vous la raconterois comme celle ci que Henry le Grand noſtre foudre de guerre, entre les faits d'armes les plus eſtranges de ce temps, admiroit le coup dont noſtre Aiax en vne rencontre pres du Bretueil enleua Trepigny armé de toutes pieces, l'ayant pris au defaut de la cuiraſſe, & le portant en l'air le ſouſtenoit le glaiue au corps, comme vn oiſeau ſur le poing, ſi qu'il le ietta fort loin à terre de deſſus ſon cheual, le feu Roy tenoit cela pour vn des prodiges de ſon temps. S'il eſtoit à propos, ie vous reciterois de quelle prudence, & de

quelle vaillance il fit cetté tant gene-
reuse & honorable retraicte depuis
Sees iusques à Legle, auec 40. ou 50. sal-
lades seulement, soustenans l'espace de
huict ou neuf lieuë, huict ou neuf cens
cheuaux, que les Sieurs de Clairmont,
d'Amboise, de Plessis Morné & de la
Ferté menoient au siege de Rouen,
comme cinq ou six fois il se mesla dans
ce gros, tousiours comme vn Hector à
la teste de l'ennemy, & à la queuë des
siens pour seruir de rampart aux vns, &
de bouleuert contre les autres, comme
auec peu de perte de ses gens, & beau-
coup de dommage de ses aduersaires,
sain & sauf il regaigna Verneuil, le courage pour ce coup ayant combattu le
nombre & la prudence la force.

I'esleuerois encor iusques au Ciel
ceste plus admirable qu'imitable vaillance, qui le fit paroistre comme vn
tourbillon de Mars dans les orages de
la ba-

la bataille d'Iury, ou son cheual tombé
mort sous luy, & luy tout couuert de
playes, de sang & de poudre, combat-
tant à pied ioignit les troupes des Suis-
ses pour employer auec eux le reste de
ses armes, & voyant que la deroute des
vaincus, que son sang qui se perdoit,
que ses forces & presque sa vie, & non
pas le courage qui luy manquoient, l'o-
bligeoient à quitter le champ, il se reti-
ra dans le bourg d'Iury, n'ayant auec
soy que Thierry Chanoine de Lysieux,
& là auec vne honorable capitulation,
il fut pris prisonnier, mené au Roy, qui
aussi ioyeux de cette prise que de la
gloire de la bataille commanda qu'on
le traictast, non comme vaincu, mais
comme celuy dont il vouloit gaigner
le courage par honnesteté : Car sa Majesté qui dés le siege de Pontoise auoit
remarqué la vaillance de cest autre
Manlius resistant seul retrenché dans

E

vne Eglife au fiege de deux Roys, s'e-
ftoit propofé dés la prife de Dreux, de
n'affieger Verneuil, fachant bien que
noftre braue enfeueliroit pluftoft fon
corps dans les ruynes de fa place que fa
gloire dans les ruines de fon honneur,
& pource enuoya le Marefchal de Bi-
ron, pour reconnoiftre le ieu de noftre
Eumenes, lequel il trouua lors plus
prompt & plus preft de donner des batailles que de faire des forties, de forte
que le Roy pour n'arrefter à cefte peti-
te remore le grand vaiffeau, qui portoit
fes palmes & fes trophées, refolut de ne
le perdre par la force, & de le conquerir
vne autre fois par la douceur.

Ce qu'il fit Meffieurs en ceft tant
honorable & tant remarquable traicté,
qui comme vn vray paladin de l'honneur de cefte maifon doit eftre à Meffieurs fes enfans, pour vn monument
eternel des vertus & des gloires de leur

pere, & ſur lequel comme ſur vn exem-
ple de grandeur, ils doyuent inceſſam-
ment ietter les yeux pour s'eſchauffer
tellement le cœur à la magnanimité,
qui ne degenerant du courage qui ſem-
ble eſtre auſſi domeſtique en leur race
que naturel en leur ſang ils puiſſent
comme vrais enfans conformer leurs
actions au modelle des beaux fais de
leur pere, & peuuent ſe vanter ces ieunes Aigles, que le plus grand Roy qui
ait point eſté en la Fráce depuis Char-
lemagne, voire en tout le monde depuis Alexandre iuſques à luy, à eu telle
eſtime de ſon merite, qu'il a bien dai-
gné deſcendre du theatre de ſon Empire, & s'abaiſſer, ſi l'on peut ainſi parler, plus par bonté que par neceſſité,
iuſques à trotter à l'amiable auec ce ſu-
iet, & luy promettre la ſuruiuance d'v-
ne des Lieutenáce generalle de la Normandie. Ioignant à ceſte eſperance aſ-

seuree les effects de sa liberalité pre-
sente, il luy fit tant de dons & de pre-
sens, que (outre le deuoir commun
que la naissance luy auoit donné de
loyaument seruir son Roy) son cœur
plain de gratitude en eut tel ressentiment toute sa vie, qu'il ne respiroit que
fidelité, n'aspiroit qu'obeyssance, & ne
conspiroit auec son courage, que de
mourir pour son Roy, & d'employer
ses forces, ses amis, & ses armes au ser-
uice des lys. Il ioüit long temps du calme de cette bonne fortune, & autant
que le feu Roy eust de vie, autant de
temps eust il le vent en poupe, & si a
souhait, que comme vn iour on le voulut broüiller au Conseil(& par l'intelligence mesme d'vn Prince) touchant
son gouuernement de Verneuil, ce
grand Roy, le pere des courages, decla-
ra qu'il entendoit que son Medauy y
fut maintenu, & que comme il auoit

gaigné ceſte place par la vaillance, il vouloit qu'elle luy fut gardee par la Iuſtice, ce calme luy dura long temps.

Mais l'enuie qui ſuit la proſperité & la calomnie qui hait la vertu comme cantharides, qui ne ſe prennent qu'aux belles fleurs, empoiſonnerent en fin les cœurs & les langues de tant d'aſpics, & leur enflerent la gorge à ietter le fiel de tant de mediſance, contre l'integrité de ſa reputation que ceſte nuë de menſonge s'enflant peu à peu deuint ſi eſpeſſe & ſi groſſe, que les rayons de ſon innocence & de ſa fidelité lumineuſe en ſoy ne peuuent plus paroiſtre les artifices ſe decouſent, la ialouſie le depeint, & ſur tout aux mouuemens du dernier deuoyement de la France, ſa fidelité fut tenuë pour reuolte, ſon zele pour rebellion, & ſa prudéce pour diſſimulation. Mais ce Fabius qui ne plie qu'aux loix de ſon deuoir, ſon deuoir qu'au vouloir de fon Prince, ne fe fouciant des menus Dieux pour plaire à fon Iupiter, ne laiffe pour cela d'enuoyer vn Gentilhomme à Caen pour aduertir le Phaëton qui vouloit entreprendre le char de noftre Soleil, de ne rien entreprendre fur l'eftenduë de fon gouuernemét d'Eureux, & voici comme fi de ce coup là, il fe fuft ouuert les flancs d'vn autre cheual de Troye, comme s'il fe fuft ouuert la parte aux Lions, chacun luy vient dire que Cerbere ne hurle plus que contre luy, que les fureurs & que les furies ne font defchainées que pour l'enchainer, que fi comme vn autre Dedalle il ne fe fauue en l'air, que toute la terre habitable eft vn labirinthe pour luy, duquel il ne fortira iamais, que ce cruel Minotaure ne fe foit gorgé de fon fang, en fin que la rage de Silla n'écume que pour le perdre./Le plus affeuré Marius fe fuft lors caché dans les roſeaux & dans les cannes. Le plus genereux Temiſtocle ſe fut lors retiré chez quelque Xerxes, mais luy Pierre, autant d'effet que de nom , plus conſtant qu'vn rocher au parmy des tempeſtes, ferme comme vne tour , moins eſtonné que Brutus aux menaces de ſon fantoſme, ſe retirant brauement en pas de Lyon, ſe reſout de ne dormir plus que comme Hercul la maſſuë en la main, meſpriſant neantmoins cette fourmillee de Pigmées, comme caſſerons qui ne tirent iamais l'eſpée,ne les tient que pour des Cynocephalles, qui peuuent bien l'abbayer,&non pas le mordre:& ſur ce meſpris ſa maiſon luy ſert de refuge, ſon parc de forterefle , ſes iardins de bouleuers,ſes canaux de retrenchemét, ſes maſſons de ſoldats, ſes enfans de Conſeillers,ſa famille & ſa fidelité,d'Aſille & de deffence : durant cet oſtracifme de vertu, l'orage qui menaçoit la France , fembloit neantmoins armer vn foudre particulier contre luy , & comme preft d'eftre dardé chacun difoit tout haut, que luy entre plufieurs feroit la victime que ce veau d'or , ou que ce dragon immoleroit à fa fureur.

Mais l'Ange qui cultiue les Lis , & qui veille pour les François , animant noftre cher Ignemnon contre ce pipeur Crocodil , & le portant à le furprendre aux chatoüillemens de fa gueulle beante apres les honneurs de la France, & à faire couler dans ce gofier affamé de grandeurs, le Miniftre de noftre falut, pour déchirer les entrailles de ce prodige, qui de petit œuf eftoit deuenu fi grand monftre, qui ne tendoit plus qu'a faire tomber les plus forts au gliffant de fon limon : Sa mort ayant en fin redonné la vie, les biens,

& la

& la liberté aux gens de bien, les vices
cedans aux vertus, la trahison à la fidelité, & la confusion à l'ordre, nostre
proscript fut remandé en court, em-
brassé bien voulu de son Roy, carressé
de tous les Princes, estimé de tous les
Seigneurs pour auoir si constamment
& si fortement resisté aux spartaques
aux menées & aux menaces du Seianus
de la France.

Comme Anthée reprenoit des forces par sa cheute, comme le selsify
grossit plus on le presse, comme le pal-
mier s'esleue plus on le charge, de mesme son infortune se changeant en bon
heur, son esloignement en credit, ses
disgraces passées, luy donnent plus de
faueurs presentes, & les Arondelles, qui
l'auoient quitté en l'hyuer de son affliction, le viennent retrouuer au printemps de ce nouueau bon heur : ceux
mesmes qui auoient porté la dent à sa

reputation, n'ont point de honte d'ai-
der à recoudre par hypocrifie, ce qu'ils
en auoient dechiré par impofture ; le
Roy le remet en fes appointemens, le
reftablit en fes penfions, luy donne les
deux Abbayes vacquées par le decés
de Monfeigneur de Lyfieux fon frere,
bref tefmoigne aux effects de fa liberalité, l'eftime qu'il fait de fon courage, de fon vouloir, & de fon pouuoir,
auec promeffe de l'efleuer autant qu'on
l'auoit voulu abaiffer, de le combler
d'autant d'honneurs, qu'on luy auoit
tramé d'iniures, & que les marches dót
on l'auoit ietté dans l'abifme du defa-
ftre commun, feroient des efchelons
pour l'efleuer au theatre d'vne plus belle gloire, l'enuie de fes ennemis n'eftát
propre deformais, qu'a les ronger, &
qu'a leur donner le iauniffe.

Si ie n'auois, Meffieurs, de plus grandes chofes à dire, fi pour enfler le ftile

de mon discours il me falloit prendre
en destail toutes les menuës actions de
sa vie, commençant à la prudence de
ses desseins à l'attrempance de ses
mœurs, à la douceur de son entretien,
à l'amour de sa famille, à l'œconomie
de sa maison ouuerte à tout le monde,
à la despence de sa table commune à
chacun, aux frais de ses bastimens, à la
proprieté de son attirail de guerre, &
de son trein de paix, & sur tout à la
chaleur & à la passion qu'il portoit à
ses amis, son cœur, sa bourse, & son es-
pee ne tenans ny au fourreau, ny aux
pendans, ny à la peur quant on les vouloit employer, vous manqueriez de pa-
tience d'oüir, & moy de loysir d'asseurer plustost que de subiect de dire, sa
vie ayant esté vne Illiade de tant de
merueilles, vn iardin emaillé de tant de
fleurs qu'il faudroit non vn homme
voire vn Ange pour vous en declamer

les merites & les grandeurs. Mais mon
but, Meſſieurs, n'eſtant de le faire admirer par les excez d'vne fortune pe-
riſſable, ie n'abuſeray ny du temps, ny
de l'honneur que vous me faites en des
ſubiets ſi bas & ſi legers : Si ie croyois
que vous prinſiez plaiſir à des argu-
mens ſi ſteriles, ie vous en produirois
de bien plus feconds en paroles & de
bien plus faconds en effects. Les coqs
de ſon écuſſon me fourniroient aſſez
de matiere pour vous entretenir vn
iour.   •

Ie ferois des alluſions & des para-
lelles de ce braue oiſeau à ce braue
homme , ie vous monſtrerois que la
prudence,que la vaillance, que la vigilance,que le deſir de conſeruer les ſiés,
& de n'eſpargner ſon ſang pour deffendre ceux qui ſont en ſa charge que
la paſſion de combattre pour l'honneur,& de vaincre pour la gloire , que

tout ce qu'il y a de rare en l'vn, ſe trouue
de particulier en l'autre : & que comme
les Lions aux plus furieux de leurs ru-
giſſemens baiſſent la teſte, ſerrent la
queuë, & tremblent de peur, voyant le
coq s'arreſter & ſe gendarmer en marchant, que de meſme les plus violens &
les plus Rodomõs n'oſans attaquer noſtre Liſymache en lions, le vouloient
attrapper en regnards, & ce qu'ils ne
pouuoient luy arracher par force, ils
taſchoient de l'accrocher par fineſſe.
Ces trois ondes auſſi qui en pluſieurs
écuſſons ſe trouuent cartellées à ces
trois coqs m'embarqueroient la langue
à vne ſi haute mer de loüanges, que
ſans voiles & ſans rames ie voguerois à
ſouhait en vn ocean de tant de beautez, ie ſurgirois en vn perou de tant de
richeſſes, que perdu dans l'excez de ces
delices, ie ne pourrois reprendre le fil
de ma premiere route, comme ceux

qui oublient le retour de leur pays,
ayant vne fois gousté des douceurs du
lothos. Vous parlant donc, Messieurs,
de la fertilité de ses ondes, ie vous dirois que l'esprit de Dieu se promenant
sur les eaux pour y estaller ses merueilles, remplit cette haute mer de tant de
flux de benedictions, de tant de flots
des biens de fortune que le reflus en a
fait regorger à plain fond le comble
des riuages de Medauy, par l'heureux
mariage de ceste belle & chaste Pan-
dore, fille d'vn Mareschal de France,
qui ne gardant à ses desirs que la seule
esperance a tant respandu d'honneur,
de biens, & de beaux enfans en cette
noble famille, que par tout s'y trouue
l'abondance, la grace, la pieté, la chasteté, la prudence, & l'honneur, qui comme au centre de leur perfection, se ren-
dent au sein de ceste haute mer: ce sont
là les perles de la maison de Faruaques,

qui par cette alliance se forment & se trouuent à l'ornement de celle de Medauy. Ie m'arresterois plus long temps à vous en cueillir des plus belles, des plus rondes, & des grosses, mais ce nombre de trois coqs, & de trois ondes me conduit à la consideration de plusieurs beaux triangles qui se remarquent en cette noble race des Rouxels.

Comme le triangle entre les Mathematiciens est vne des premieres figures parfaites, & entre les Theologiens la plus excellente de toutes, comme celle qui en son admirable & diuine triade represente l'ineffable & incomprenable Trinité, le Ciel pour rendre ceste famille illustree de toutes sortes de perfections y a fait & fait encor reluire le nombre ternaire, comme le simbole de la perfectiõ. Pour ne m'arrester aux trois filles de feu Monseigneur le Mareschal de Faruaques en l'vne defquelles comme en vne des trois belles ondes de cette haute-mer, ces trois coqs fe font venus baigner, ie viendray aux trois freres qui premiers furent de cefte famille de Medauy, l'vn feigneur de Medauy, l'autre de Croc, & l'autre d'Aubery, l'vn au Confeil des Rois, l'autre dans les armées, & l'autre en la vie priuée, mais fort noble pourtant. Le fecond triangle trop plus rare & trop plus fignalé de vertus que le premier, fut celuy helas ! dont depuis fept ou huit mois, ce Roüen fatal à cette maifon non feulement en la mort du Marefchal de Faruaques : mais en ce qu'il a efcorné deux de nos plus beaux Angles.

Ce triangle fut compofé d'vn Lieutenant de Roy, d'vn Euefque, & d'vn Cheualier de Malthe, & chacun d'eux encor auoit fon triangle particulier, l'vn auec fes trois vœux eftoit, & eft

encor

encor dans Malthe vn bouleuert de
force contre les puiſſances du Turc,
l'autre auec ſon Eueſché, & ſes deux
Abbayes, Liſieux, Cormeilles, & ſainĉt
André paroiſſoit dans Rome pour
eſtre l'vn de tous les grands Prelats, &
le plus reſolu ſur ces trois coulonnes de
S. Pierre à faire teſte par les armes ſpirituelles aux ennemis de l'Egliſe, &
l'autre (l'Athlas de la maiſon auec les
trois belles charges qu'il auoit en ce
Royaume, Eureux, Argenten, & Verneuil reluiſoit comme vn petit aſtre au
firmament de la France, & dont les
benignes influences inſpiroyent beau-
coup de douceurs au corps qu'il re-
gardoit fauorablement. Il eſt vray (ſi
vne telle comparaiſon ſe peut, ou ſe
doit faire) que comme au treſpas du
Sauueur le Soleil s'obſcurcit, la terre
trembla, & les rochers ſe fendirent, la
nature ayant à ſouffrir, puis que ſon

G

Autheur patiſſoit, que de meſme ce grand Seigneur le palladin & le ſalut de ce pays, ayant à receuoir change-ment à ſon eſtre, alteration en ſa per-ſonne, il falloit bien que ſes places comme augures, & propheteſſes de la mutation receuſſent de l'eſbranlement & du changement en elles, comme lors que ce Romain mourut, toutes ſes ſta-tuës tomberent à terre, mais laiſſons ce triangle infortuné, & retournons aux autres plus heureux, ceſtuy ci ne s'eſt pas ſi toſt caché, qu'vn autre de trois autres beaux freres, ne ſe ſoit deſcou-uert enfans vrays images du pere, heri-tiers de ſes vertus, deſia attachez en la France aupres de leur Roy, comme leur pere, & vn de leurs oncles au Ciel aupres de leur Dieu, le premier deſia qualifié en ce Royaume, l'autre à l'E-gliſe, & le troiſieſme à Malthe.

Trois de leurs ſœurs, comme vn Ti-

gone de Peneloppes sont dans le monde, destinées au mariage temporel auec
des hommes, & trois autres sont hors
du monde voüés au mariage eternel
auec les Anges: trois deuotes Religieu-
ses, & toutes trois Sages Abbesses, l'vne
d'Almenesches, l'autre de Vignas, &
l'autre de Gomerfontaine, ces trois belles ames renfermées dans leurs volon-
taires prisons, appuyées sur le triangle
des Chrestiens, la Foy, l'Esperance, &
la Charité, secouruës du triangle de
leur perfection, la pauureté, la chasteté,
& l'obeissance, foulant aux pieds le
triangle ennemy des mortels, ont credit au triangle des trois Eglises, en la
militante par leurs vertus, en la peni-
tente, par leurs suffrages, & en la triom-
phante, par leurs merites. Voila ce que
i'auois à remarquer en ces trois coqs
vrays simboles de courage de fidelité
& de vigilance.

G ij

Ceux qui tiennent que le monde fut fait par la brufque rencontre des Athomes, diront que par hazard, pluſtoſt que par infpiration, ces triangulaires raretez ſe trouuent icy, mais Dieu, Meſſieurs, ne fait rien qu'à deſſein que par prudence & qu'a bonne fin.

Ce n'eſt pas pourtant là où ie m'arreſte, ce n'eſt pas là où ie veux faire eſpanoüir les fleurons des vertus de noſtre Heros, iuſques icy ie n'ay fait que rauder à l'entour du cercle, ie n'ay point donné iuſques au centre, i'ay touſiours pris des ombres pour le corps, des poincts pour des mótagnes, les fueilles pour la racine, & l'acceſſoire pour le principal, il faut à ce grand Seigneur des loüanges bien plus ſolides, & des gloires bien plus releuées. Il ne luy ſuffit pas de poſſeder le cœur du Roy des François, il veut gaigner celuy

du Monarque des Anges, il ne luy suf-
fit pas d'auoir terrassé les ennemis visi-
bles, il veut triompher des inuisibles,
ce ne luy est pas assez de briller comme
vn Astre en la Cour de la Frāce, il veut
reluire comme vn Soleil au Louure de
l'eternité. Comme il a çà bas des di-
gnitez & des qualitez temporelles entre les mortels, il veut des préeminences eternelles entre les immortels, pour
voir la fortune hommagere à son bon
heur, il ne tient pas pourtant ce bon
heur capable de le contenter. Il sçait
bien que quand le Pactole ne fluëroit
sur vn sable d'or que pour luy : que
quand bien il nageroit dans vn fleuue
de Nectar, que quand il auroit la force
d'Hercule, la santé de Tithon, la sciéce
de Platon, la sagesse de Solon, que quād
il seroit comme Auguste paisible Monarque de tous les mondes, qu'Anaxa-
mandre s'imaginoit qu'en tout cela,

Cor inquietum eft, & que le monde pour
eftre d'vne forme fpherique ne pour-
roit pas tellement remplir fon ame,
dont la figure eft triangulaire, l'enten-
dement, la volonté & la memoire, qu'il
ny euft toufiours plus de vuide, que de
plain, pour le peu de fymmetrie qu'il y
a entre le rôd & le triágle, & c'eft pourquoy *Cor inquietum eft*, iufques à ce qu'il
ait trouué vne figure qui fe rapporte à
la fienne : Or ny en a il point que l'ef-
fence de la Trinité, le Pere, le Fils, & le
S. Efprit, triangle infini, qui feul peut
remplir toutes chofes, & hors duquel
toutes chofes font vuides : C'eft pourquoy il y afpire comme à fon élement,
& comme au centre de fon repos, afin
que le pere y rempliffe fa memoire de
la puiffance, que le fils illumine fon en-
tendement par la Sapience, & que le
S. Efprit enflame fa volonté par l'a-
mour: & pour y paruenir, il prent l'oç-

casion que le Iubilé dernier nous ou-
uroit les trefors de l'Eglife, l'Eglife les
portes de la grace, & la grace le feiour
de la gloire. Il veut donc fe ioindre auec
Dieu, paffer de la mort à la vie, de l'inquietude au repos, du manquement à
la perfection, & des tenebres à la lumiere, il tire fon ame de l'inconftant
mouuement de la boulle de ce monde,
& l'affermit fur le triangle de la penitence, il court à l'Eglife, il embraffe la
Croix, il fe iette aux pieds du Preftre, il
ouure fon cœur à la contrition, fa bouche à la confeffion, & fes œuures à la
fatisfaction, afin que fes penfees, que fes
paroles, & que fes actions venielles ou
mortelles peuffent comme or d'Egypte
fe refondre & fe purifier dans cette
fournaife des Hebrieux.

Il laue donc fa lepre dans le Iordain
de la contrition, il illumine fon aueu-
glement dans le Siloé de la Confeffion,

il plonge ſa paralyſie dans la piſcine de
la ſatisfaction, & vomit en fin à la fa-
çon du Scolopandre, hors des entrailles
de ſa conſcience, le peché mortel comme l'hameçon de ſa mort, & cóme s'il
ſe fut baigné dans vn Nouatie d'hyſo-
pe & de netteté, plus blanc que la nei-
ge des montagnes, il reçoit en l'eſto-
mac de la pureté de ſon amour, le ſacré
pain des Anges, la manne des eſprits
glorieux, & le ſalutaire viatique des
hommes en la table du Sauueur des
mortels, eſleué au deſſus de l'infirmité
de ſes ſens corporels, il ne ſouhaitte
plus que de s'eſioüir là haut auec Dieu,
comme il s'eſtoit ioint ça bas en la
Communion de ſon Corps, & cóme s'il
fut alors ſorti d'vn profond aueugle-
ment, ou reueillé d'vn ſommeil lethar-
gique, il reconnoiſt que depuis qu'il
eſtoit au monde, il auoit duré beau-
coup de iours: mais veſcu peu de temps,

que

que depuis fa naiſſance il n'auoit ceſſé
de mourir , iuſques alors qu'il com-
mençoit de viure, qu'il auoit bien veu
le Soleil , mais bien peu la lumiere,
que ſouuent il eſtoit deſcendu en Hie-
rico , & rarement monté en Hieruſa-
lem. Or deſireux de demeurer pour
iamais au ſeiour de cette vie ſpirituelle,
comme affráchi de ces nouuelles douceurs,ſon ame pour ſe deſſier de la pri-
ſon de ce monde , ſe reſioüit grandement de voir(le l'endemain qu'elle s'e-
ſtoit affranchie des peines du Purgatoire,par le moyen du Iubilé)ſon corps
eſtre eſtédu malade au lict, & elle eſtre
faine en l'eſtenduë de ſes deſirs , pour
voir les Medecins corporels accourir
de toutes parts les cauſes ſecṍdes, con-
currer de tous coſtez, elle ſçait bié que
la cauſe premiere, ſe reſerue à de meil-
leurs effects, & que les remedes de l'e-
ſprit opererṍt au preiudice de ceux du

H

corps, que son corps plus blessé au cœur pour le regret de son offence, que trauaillé en ses membres par les acccez de sa douleur, receura bien tost les dernieres armes dont l'on munit les Chrestiens, pour les fortifier en l'Extréme Onction, contre les combats & contre les assauts de l'ennemy de nostre Salut, & pour s'y preparer, elle se purifie derechef le cœur par la bouche en vn second lauement de penitence.

Ce bel esprit alors illuminé de la grace plus aspirant au Ciel, que respirant en la terre, plus viuant entre les Anges, que vif entre les hommes, n'a plus d'yeux que pour regarder la Croix, plus d'aureilles que pour ouyr parler de son Dieu, & plus de langue que pour proferer le nõ de Iesus, il dit adieu à tout le monde, recommande son ame à ses amis, demande pardon à chacun: embrasse son frere, le conuie d'aimer

ſes nepueux & preſence de la mere qui
fondoit en larmes aupres de luy, exhor-
te ſes enfans d'adorer Dieu ſur toutes
choſes, de fidellement ſeruir le Roy, de
reuerer & d'obeir à leur mere, comme
celle qui auec luy apres Dieu, leur ayant
donné l'eſtre, leur pouuoit encor donner le bien eſtre, d'auoir l'honneur deuant les yeux, & de ne tirer iamais l'eſ-
pee que pour la vertu contre le vice.

C'eſtoit vne couſtume aux An-
ciens, auant que de tirer le rideau de
la vie, de tirer vn anneau de leur
doigt, le plus riche & le plus precieux
qu'ils euſſent point, & en ſigne de leur
amitié le donner au plus parfait de
leurs amis, ainſi ce cher eſpoux auant
que de fermer les yeux au dernier ſommeil, voulut ouurir de ſon cœur la paſſion & la creance qu'il auoit des vertus
de ſa chere eſpouſe, & pour teſmoigner
au public la cognoiſſance particuliere

qu'il auoit de sa chasteté de sa prudence de sa fidelité & de son integrité, &
de quel estroit lien d'amitié elle l'auoit
constamment accompagné en tout le
cours de leur Sainct Mariage, pour ga-
ge de ceste foy, & de l'asseurance qu'il
auoit de sa vertu, il luy laisse le plus
cher ioyau qu'il eust point, qui estoit la
garde de ses enfans, & auec tel soin que
mesme aux agonies de la mort, il de-
pesche luy mesme, vn Gentilhomme
pour aller trouuer le Roy, afin qu'au
nom de la mere il obtint la garde Noble des enfans, enquoy sa Majesté tes-
moigna autant d'ennuy de cette perte,
qu'il rendit de facilité à cette affaire,
ce fut là, Messieurs, les derniers mouuemens de ses actions humaines, ce furent là les derniers mirthes dont il cou-
ronna les chastes amours de son lict
nuptial, ce fut auec cette marque
d'honneur qu'il termina la borne de
ses ans.

Ce beau Cigne, en finiſſant ſes iours,
rendoit vne harmonie de ſi douces paroles, de termes ſi diuins, qu'on n'eut
iamais penſé qu'vn guerrier euſt tant
de pieté, & qu'vn cœur né & conſom-
mé aux armes materielles en euſt eu
tát de ſpirituelles. Il parloit en mourát,
il mouroit en parlant, & ne ſçauoit on ſi
la vie finiſſoit en ſa mort, ou ſi la mort
finiſſoit en ſa vie, pour eſtre ſon mal
de ſi peu de douleur & de ſi peu de duree, on iugeoit lors que ſon cœur eſtoit
encor *Inquietum*, & il eſtoit deſia *In
quieto*, on péſoit qu'il fuſt encor *in Cœno*,
& il eſtoit deſia *in Cœlo*, deſia les Anges
couronnoient ſon ame de l'immortalité dans les triomphes de là haut, & les
hommes croyoyent qu'elle fut encor
dans les combats de la mortalité d'icy
bas, on diſoit qu'elle eſtoit encor ioin-
te en ſon corps, ſur la terre, & elle eſtoit
deſia vnie auec ſon Dieu dans le Ciel,

on la tenoit encor *In via*, & elle eſtoit *In patria* ce mort paroiſſoit ſi vif, qu'on aſſeuroit que ſon cœur eſtoit encor *In quietum*, & il eſtoit *In quieto*.

Puis donc, Meſſieurs, que cette bel-le ame eſt maintenant compriſe dans l'incomprehenſible triangle de la Tri-nité, puis qu'à la faueur de ſes merites, & qu'en vertu du Iubilé elle a franchi les flammes du Purgatoire, ſans beau-coup y ſouffrir : car ce ſont les graces & les faueurs des Indulgences, qu'il gaigna qui me font parler ſi hardimét de la gloire & du repos qu'il poſſede, ceſſant quoy au lieu de vous combler les aureilles de ſes paranimphes & de ſes loüenges, i'aurois redoublé le com-ble des larmes de vos yeux, & les an-goiſſes de vos cœurs, non ſur la perte de ſa preſence, mais ſur la vehemence de ſes peines. Et me ſerois arreſté à vous repreſenter qu'elles ſont les geſnes de cette conciergerie ardante, qu'elles en sont les estincelles & comme la moindre de ses flammesches embrazeroit bien toutes les mers, toutes les neiges, & toutes les glaces du monde de leurs attouchemens , & que comme dans le Ciel on sauoure toutes sortes de delices, qu'en ce lieu de souspirs & de peines on y reçoit (sans desespoir) toutes sortes de supplices soit de dam , soit de sens, infinis en douleurs, & finis en duree. Mais puis que cette ame brillante comme les Cherubins, pure comme les Seraphins, heureuse comme les Archanges, voit maintenant toutes choses en Dieu , & Dieu en toutes choses, puis que plongee dans les delicieux torrens des voluptez perdurables, elle s'enyure à longs traicts de toutes les douceurs qu'elle est capable de sauourer, puis qu'au comble des rauissemens & des extases, des felicitez infinies, semblable à son Createur, elle se voit maintenant portee en triomphe sur les aisles des Anges, dans les palmes, dans les pompes, dans les Tedeums , dans les allegresses , dans les throsnes & dans les theatres de la gloire eternelle. C'est maintenant qu'il faut cesser nos larmes & nos souspirs , changer nos ſouſpirs en ioye, & nos larmes en ris, c'eſt maintenant qu'il faut luy chanter des Cantiques, luy grauer des Epitaphes, luy appendre des trophées, & luy conſacrer des loüanges.

C'eſt maintenant qu'il faut eſleuer ſes ſtatuës dans le temple d'honneur, & poſer ſon cercueil ſous vn marbre immortel. Allons dõc, Meſſieurs, honorer ſon tombeau, reuerons y les cendres, couurons le de lauriers, celebrons ſa memoire, paranimphons ſes vertus, dreſſons luy des Mauſſoles, & diſons: que ſi le Ciel l'a rendu illuſtre en ſa naiſſance, vertueux en ſa vie, bien heureux en ſa mort, que maintenant plus que iamais, il luy donne des honneurs bien plus dignes, des treſors bien plus riches, des graces bien plus grandes, des gloires bien plus celeſtes, & prions Dieu que comme nous auons participé à ſa bonne fortune entre les hommes, qu'vn iour nous puiſſions auſſi ioüir de ſon bon heur entre les Anges.

F I N.